AF191867

@ 2022 Nevantakanen Mikko

Kustantaja: BoD - Books on Demand,

Helsinki, Suomi

Valmistaja: BoD - Books on Demand,

Norderstedt, Saksa

ISBN: 978-952-80-6885-3

AMOR

Jessicalle

EROS

Rakkaus ei ole

vastakohta unohtamiselle

vaan sen edellytys.

Rakkauden mahdollistaa

surun tekemä ehdotus siitä.

FETISSI

Afrodite

Pyöreät reitesi

lantiosi laulava meri

jossa pakarat

värähtelevät

suuni kukkii

emättimessäsi.

Venus

Yhä nukun Venuksen nänni

suussani.

Kaipaus

sana joka ikuisesti

yrittää ilmaista

itseään.

Tunteet geometriaksi

tarpeettomat määritteet.

Mahdollistan sinut

kohtaamalla itseni.

Siellä missä rakkaus alkaa

se loppuu

alkaa hahmottua näkymätön.

Mitä ei voi muuttaa

muuttaa.

Parvekkeelle laskeutuu kylmä

lehdet putoavat puista

maisema lohkeilee

pala palalta.

Se mikä vie sinuun

vie kaikkialle.

Sinussa on kaikki mahdollista

mahdoton joka toteutuu.

Hetki kanssasi

kuitenkin pidempi

kuin kaikki kuolemat

yhteensä.

Alasti

olet kasvava valo

jolle mikään ei riitä.

Ulko-ovi paiskataan

kiinni

Suru.

Tuoksu joka jää

eteiseen

lähdettyäsi.

Suudelma niskakuoppaan

sulkee itsensä sisään.

Eron jälkeen

itkuiset

syyttävät

kerjäävät

kännipuhelut.

Poikaystävä joka

puhuu tunteistaan

Tyttöystävä joka

kantaa pianoja.

Kapakassa eri pöydät

ystävien puoltavat

mielipiteet.

Ei paikkaa

mihin mennä

ei varaa

edes surra.

En minä sinua unohda

kukaan ei voi unohtaa

kipuaan

jota on varjellut

kuin meille kuulumatonta.

Yö täynnä rakkautta

minä olin

olet

vaikka et sitä tiedä.

Rakastammeko siksi

ettei muiden

tarvitsisi

kantaa sitä taakkaa.

Ansioista kaunein on suudelma.

Uneni on untasi

iho

sen tuoksun

sormet muistavat.

Ikkuna

sade henkilöityy

kaipuuksi

suruksi.

Ei kuolemakaan sinua tavoita

He kaikki puhuvat sinusta

kuin olisit kuulunut heistä

jokaiselle.

AFRODISIA

Suljen silmäni

olet täällä taas.

Emme usko kaikkea

emme sitä mikä on totta

mutta haluamme uskoa

valheita

rakkauden sijamuotoja.

Uskottelin että

sinun toiveesi

ovat omiani

että korvautuisit

jollakin toisella

jota ei ole olemassa

ja joka ei koskaan saanut

mahdollisuutta rakastaa.

Voisiko menetettyä

rakkautta palauttaa

vaatia uutta samaa.

Rakastavaisten todellisuus

on muiden todellisuutta

kauniimpi.

Näin kadulla näköisesi

henkilön

minut valtasi suru

etten ollut ainutlaatuinen

sinä olit.

Minunlaistani paljoutta

kutsutaan väkijoukoksi

jossa kukaan ei erotu

toisistaan.

Pitäisi tehdä aloite

vaikutus sinuun

kaadan riisin kattilaan

imuroin

jos odotan että sinä

tämä ei ollut sitä

mitä tahdoin

halusin.

Kun tiedämme paljon toisistamme

luomme kolmannen osapuolen

jolla ei ole mielipidettä

mutta jonka aina toivoo

osallistuvan

olevan paikalla.

HIMO

Tekosyitä kaikki

imuroida

tiskata

lakaista.

Rakastelun jälkeen

tärkeintä on se

että meillä on tylsää.

Hetken olit päälleni

nouseva vaahtopää

takaisin pakeneva

tyyntyvä vesi.

Miellän sinut vain uniini

nimetön tuntematon

koska viihdyn yksin

herättyäni olen

surullinen

ikävöin.

Olet seitsemäs aisti

kuudes se

joka lyö nyrkin itsensä

läpi

peilin toiselle puolelle.

Kenties sinussa

ei ole toista puolta

vain tämä

se joka vaikuttaa eniten

todellisuuteemme

jostakin toisaalta.

Jokainen rakkaus on mahdollisuus

etsiä suhdetta itseemme.

Liha ja Himo

ajattelee

jakavansa jotakin ainutkertaista

pääsevänsä lähemmäksi toista

mitä emme voisi yksin

mitä emme yksin löytäisi.

Rakkaus

mitä emme paljain silmin

havaitse.

Lähellä sinua

ymmärrän sellaista

mitä en ole

koskaan itsessäni

huomannut

ymmärrän mitä

en ole ymmärtänyt.